INGENIERÍA ECONÓMICA

Nociones Básicas.

Carlos Ramírez Angeles

Derechos de autor: 03-2017-030611565700-1
Título: Ingeniería económica, Nociones Básicas.
ISBN NORMALIZADO: 978-607-29-3708-6

Cover design by: Mónica Mendoza Valdes

Agradecemos a todos que, con su contacto directo o indirecto, influyeron igualmente dejando una huella en lo que somos y en lo que realizamos.

Se da créditos al Tecnológico Nacional de México, Instituto Tecnológico José Molina Pasquel y Henríquez. Unidad Académica Chapala (anteriormente Tecnológico Superior de Chapala), por su apoyo institucional,

Este libro es una actividad de investigación, desarrollo tecnológico e innovación 2021-1 Producto de investigación aprobando para el periodo de febrero - agosto 2022 a enero 2023.
Aprobado y publicado en los resultados de la convocatoria de proyectos de investigación e innovación 2021-1del Instituto Tecnológico José Molina Pasquel y Henríquez segundo corte y final, Lugar y fecha.: Zapopan, Jalisco, 12 julio 2022.
Código Título del proyecto. Investigador responsable. Línea de Investigación institucional Unidad académica.
ITMM-CPII-2021-2-093 Teoría educativa y práctica etapa 2. MBA Carlos Ramírez ángeles. (PTC.) 3. Planeación empresarial, calidad y competitividad.
Clave: LAGC-2017-SMAR-IGEM-23 Chapala.
Objetivo del proyecto: Proponer opciones para alinear la oferta educativa con los requerimientos reales de los empresarios contratantes de nuestros egresados de la Carrera de Gestión Empresarial", dando pie a la elaboración de este trabajo.
Se agradece a:
Al actual Representante de la dirección de la unidad académica Chapala M.A. Luis Eduardo Jiménez Herrera.
Al Lic. Gerardo Fabián Pantoja Ramírez, Ex encargado del Despacho de la Dirección Campus Chapala (anteriormente director general del Instituto Tecnológico Superior de Chapala), por su apoyo.
Al Dr Pablo Rojas Muñoz, jefe de División de la carrera de Ingeniería en gestión Empresarial, por su apoyo y ayuda.
Ing. Norberto Arroyo García, jefe de departamento de Desarrollo Académico, por su gran disposición y asesoría para seguir superándome.
Enlace de investigación el profesor titular MSC Francisco Javier Luis Juan Barragán,
Al Dr. Alonso Espinoza Millian, ex jefe de División de la carrera de Ingeniería en gestión Empresarial, por su apoyo, asesorías para la realización del mismo proyecto.
A mi Papá Roberto Ramírez Castillo, Mamá Jovita Angeles Anguiano. y hermanos por su gran ejemplo de vida.
A mi pareja Mónica Mendoza Valdés, por su apoyo incondicional.
Docentes y compañeros por compartir conocimientos.
Alumnos y ex alumnos por enseñarme que siempre hay que aprender.

Autor: MBA Carlos Ramírez Angeles.

MBA. Carlos Ramirez Angeles

EL DETERMINISMO DICTADA POR EL MÉTODO CIENTIFICO NOS AYUDA A PREDECIR EL FUTURO. EL LIBRE ALBEDRÍO ESTÁ EN FUNCIÓN DE LA TEORÍA DE INCERTIDUMBRE. POR LO TANTO ESTAMOS EN ESTE LUGAR POR LAS DECISIONES TOMADAS EN BASE A LAS LEYES FÍSICAS DADAS EN EL UNIVERSO.

INTRODUCCIÓN

El presente libro enseña los temas clave de ingeniería económica. Libro de enseñanza a nivel licenciatura.
El libro comienza con una introducción a los costos y la importancia de la ingeniería económica en la toma de decisiones empresariales. Luego, se aborda el valor del dinero a través del tiempo y la frecuencia de capitalización de interés.

El segundo tema se centra en los métodos de evaluación y selección de alternativas, incluyendo el análisis de tasa de rendimiento y el método del valor presente. También se presenta el análisis de tasas de rendimiento y su interpretación.

El tercer tema se enfoca en los modelos de depreciación, incluyendo el método lineal y los métodos de depreciación decrecientes. También se aborda la amortización.

El cuarto tema se centra en la evaluación por relación beneficio/costo, con un enfoque en proyectos del sector público y la selección de alternativas mediante el análisis B/C incremental.

El quinto tema se enfoca en el análisis de reemplazo e ingeniería de costos, incluyendo los efectos de la inflación y la evaluación después de impuestos de Valor Presente, Valor Anual y Tasa Interna de Retorno.
Finalmente el sexto tema da una introducción a la gestión del riesgo.

En resumen, este libro es una herramienta valiosa para aquellos que buscan mejorar su comprensión de la ingeniería económica y su aplicación en la toma de decisiones empresariales.

TEMA 1 COSTOS

Maximización de los Beneficios en las empresas

Se cree que la razón de ser de las empresas es la Maximización de Beneficios de la empresa, pero en países latinoamericanos, la mayoría está dado por empresas medianas o menores a estas, donde la contabilidad de los costos es muy precaria o a veces nula, por lo que en la toma de decisiones, no se puede pensar en beneficiar a la empresa, más bien se piensa en el beneficio de los socios y/ o dueños, además durante mas grande sea la empresa más difícil es para los socios y/o dueños influir en los diferentes departamentos, por lo que los jefes de estos departamentos comienzan a seguir sus propios objetivos. Como ejemplo de esto, tienen objetivos diferentes el departamento de contabilidad, que quiere cuadrar las finanzas, producción que no les importa los costos que puedan generar en aras de un mejor producto, mercadotecnia, que puede diferir del diseño de producción, etc.

Los economistas buscan en las empresas la maximización de todos los benéficos, por lo cual deben de promover para mejorar todos los aspectos de las empresas.

Para esto se debe de entender que son los costos.

Los costos salen de un estudio técnico de la empresa donde se evalúan, desde el lugar donde se establece la unidad económica (Puede ser: empresas, negocios, finanzas personales et.) pasando por la contabilización de maquinarias de todo tipo y tamaño, mano de obra etcétera.

Los costos nos ayudan a controlar y planear el funcionamiento de las unidades económicas, entonces primero debemos de cuantificar los procesos de producción, después ordenar los datos, calificar los datos, interpretar para después poder controlar y planear, para así maximizar los beneficios y disminuir costos.

"**El costo** o valor histórico original consiste en que las transacciones y los eventos económicos que cuantifican la contabilidad se registran según las cantidades de efectivo o su equivalente que resulten afectadas, o bien, según la estimación razonable que de ellos se haga al momento en que se consideren realizados contablemente". (Contabilidad, 2003)

Otra definición "costos de la empresa son los gastos que realiza en la producción de bienes o servicios vendidos durante el mismo periodo...Los costos son el valor de los bienes o servicios utilizados durante el año, independientemente de cuánto se paguen." (Stanley Fischer, 1990).
La diferencia con otro concepto que es **gasto** el cual se entiende como algo que ya se consumió, el proceso fue el siguiente: tuvo un costo para su compra, se compró, se usó, tuvo un desgaste y tal vez su vida útil ya expiro.

Entonces los costos pueden ser la ejecución de un trabajo o consumo de energía valorado en diferentes formas (energía, trabajo, dinero, etcétera) para la obtención de un beneficio.

Hay diferentes tipos de costos

Costos Fijos o indirectos. Donde son las transacciones o eventos históricos cuantificables que no intervienen en la elaboración, transformación, etcétera de un producto o servicio pero que generan una salida pues se necesitan para el funcionamiento de la unidad económica de producción.
Los costos fijos no entran en la producción de productos y/o servicios de venta. A corto plazo o tal vez a mediano plazo sus precios se mantienen constante.

Costos Variables o directos. Son las transacciones o eventos cuantificables que, si intervienen en la elaboración, transformación, etcétera de un producto.
Si no producimos nada el valor del costo variable es cero.

Costo Total. Es la suma de los costos fijos y costos variables.

Para obtener los costos totales las empresas y/o negocios dividen los costos se dividen los costos en:

Materia prima: Materiales que nos sirven para la elaboración de bienes y/o servicios para su venta, también llamados, costos directos son parte de los costos variables.
Mano de obra: Es el trabajo realizado por seres humanos, se pude dividir en costos directos o indirectos dependiendo de su ubicación en el proceso de producción.
Gastos indirectos: son necesarios para hacer funcionar a la empresa, pero no están relacionados directamente con la elaboración del producto.
Puede ser el gasto de energía eléctrica del asistente de contabilidad.

Los costos se pueden subdividir dependiendo de las necesidades de la empresa.

Materia prima.
Salarios mano de obra directa.
Salarios mano de obra indirecta.
Costos directos de producción
Costos indirectos de producción.
Fletes.
Seguros.
Depreciación.
Servicios.
Etc.

Las unidades de producción son los bienes y/o servicios tangibles o intangibles finales puestos a la venta por la empresa.

Promedio Costos Fijos (Costo Fijo Unitario): expresado por la fórmula

Fórmula 1.1 Costo Fijo Unitario

$$CFU = CF/U$$

Donde:
CFU= Costo Fijo Unitario
CF= Costo Fijo
U=Unidades de producción.

Nos indica el valor del producto en función del costo fijo por unidad.

Promedio Costos Variables (Costo Variable Unitario) expresado por la formula

Fórmula 1.2 Costo Variable Unitario

$$CVU = CV/U$$

Donde:
CVU= Costo Variable Unitario
CF= Costo Fijo
U=Unidades de producción.

Nos indica el valor del producto en función del costo variable por unidad.

Promedio Costo Total (Costo Total Unitario)
Fórmula 1.3 Costo Total Unitario

$$CTU = CT/U$$

Donde:
CVU= Costo Total Unitario
CF= Costo Fijo
U=Unidades de producción.

Nos indica el valor del producto en función del costo total por unidad.

Fórmula 1.4 Costo Marginal

$$Cmg = (CT2 - CT1) / (U2 - U1)$$

Donde:
Cmg=Costo Marginal
CF= Costo Fijo
U= Unidades de producción.
1= Periodo 1
2= Periodo 2

Nos muestra las variaciones por aumentar o disminuir variables de producción de un periodo a otro, entonces nos muestra las variaciones de una unidad a otra del costo total.

Fórmula 1.5 Diferencia Cmg y CTU

$$Dif\ Cmg\ \&\ CTU = Cmg - CTU$$

Donde:

Dif Cmg & CTU = Diferencia entre Costo Marginal y Costo Total Unitario.
Cmg = Costo Marginal
CTU = Costo Total Unitario

Cuando es positivo se encuentra el máximo aprovechamiento de la empresa.

Fórmula 1.6 Maximización de producción

$$MaxProd = Dif\ Cmg\ \&\ CTU * \$$$

Donde:

MaxProd= Máximo de producción
Dif Cmg & CTU = Diferencia entre Costo Marginal y Costo Total Unitario.
$ = Precio de venta

Cuando es positivo se encuentra el máximo aprovechamiento de la empresa expresado en dinero.

Tabla 1.1 Costos

Unidades	Costos Fijos	Costos Variables	Costos totales	Costo Fijo Unitario	Costo promedio Unitario	Costo Total Unitario	Costo Marginal
U	CF	CV	CT	CFU	CPU	CTU	Cmg
0	1000		1000				
1000	1000	500	1500	1	0.50	1.50	0.50
2000	1000	850	1850	0.50	0.43	0.93	0.35
3000	1000	1100	2100	0.33	0.37	0.70	0.25
4000	1000	1360	2360	0.25	0.34	0.59	0.26
5000	1000	1660	2660	0.20	0.33	0.53	0.30
6000	1000	2010	3010	0.17	0.34	0.50	0.35
6442	1000	2221	3221	0.16	0.34	0.50	0.48
7000	1000	2410	3410	0.14	0.34	0.49	0.40
8000	1000	2860	3860	0.13	0.36	0.48	0.45
9000	1000	3360	4360	0.11	0.37	0.48	0.50
10000	1000	3910	4910	0.10	0.39	0.49	0.55

	A	B	C	D	E	F	G	H
2	Unidades	Costos Fijos	Costos Variables	Costos Totales	Costo Fijo Unitario	Costo Promedio Unitario	Costo Total Unitario	Costo Marginal
3	U	CF	CV	CT	CFU	CPU	CTU	Cmg
4				CF + CV	CF / U	CP / U	CT / U	CT2-CT1 / U2-U1
5	0	1000		=B6+C5				
6	1000	1000	500	=B7+C6	=B6/A6	=C6/A6	=D6/A6	=(D6-D5)/(A6-A5)
7	2000	1000	850	=B8+C7	=B7/A7	=C7/A7	=D7/A7	=(D7-D6)/(A7-A6)
8	3000	1000	1100	=B9+C8	=B8/A8	=C8/A8	=D8/A8	=(D8-D7)/(A8-A7)
9	4000	1000	1360	=B10+C9	=B9/A9	=C9/A9	=D9/A9	=(D9-D8)/(A9-A8)
10	5000	1000	1660	=B11+C10	=B10/A10	=C10/A10	=D10/A10	=(D10-D9)/(A10-A9)
11	6000	1000	2010	=B13+C11	=B11/A11	=C11/A11	=D11/A11	=(D11-D10)/(A11-A10)
12	6442	1000	2221	=B12+C12	=B12/A12	=C12/A12	=D12/A12	=(D12-D11)/(A12-A11)
13	7000	1000	2410	=B14+C13	=B13/A13	=C13/A13	=D13/A13	=(D13-D11)/(A13-A11)
14	8000	1000	2860	=B15+C14	=B14/A14	=C14/A14	=D14/A14	=(D14-D13)/(A14-A13)
15	9000	1000	3360	=B16+C15	=B15/A15	=C15/A15	=D15/A15	=(D15-D14)/(A15-A14)
16	10000	1000	3910	=B16+C16	=B16/A16	=C16/A16	=D16/A16	=(D16-D15)/(A16-A15)

Fuente: Elaboración propia.

En la tabla 1.1 se muestra el desarrollo de los costos

Ingresos "de una empresa es la cantidad que obtiene por la venta de bienes o servicios durante un periodo dado" (Stanley Fischer, 1990)

Este dado por la fórmula 1.7 Ingresos

$$I = U * \$u$$

Donde:
I = ingreso
U=Unidades de producción.
$ u = Precio Unitario

Fórmula 1.8 Ingreso Marginal

$$Img = (I\,2 - I\,1)\,/(\,U2 - U1)$$

Donde:
Img = Ingreso Marginal
I = Ingreso
U= Unidades de producción.
1= Periodo 1
2= Periodo 2

Nos muestra las variaciones por aumentar o disminuir variables de venta de un periodo a otro, entonces nos muestra las variaciones de una unidad a otra del Ingreso.

Fórmula 1.9 Flujo Neto de Efectivo

$$FNE = I - CT$$

Donde:
FNE = Flujo Neto de Efectivo
I = Ingreso
CT = Costo total

Es la diferencia entre los Ingresos y los Costos Totales, cuando sale negativo son "*perdidas*" y cuando es positivo seria "*ganancias*", cuando sale cero (0) es un punto de equilibrio de la empresa, es decir donde no se gana ni se pierde.

Tabla 2 Flujo Neto de Efectivo

Unidades	Ingresos	Ingreso Marginal	Diferencia Cmg y CTU	Maximización de producción en $	Flujo neto de efectivo
U	I	Img.	Diferencia		FNE
	0.5	I2-I1 / U2-U1	Cmg-CTU	ingreso* U	Ingresos - CT
0	0				-1000
1000	500	0.5	-1.00	-1000	-1000
2000	1000	0.5	-0.58	-1150	-850
3000	1500	0.5	-0.45	-1350	-600
4000	2000	0.5	-0.33	-1320	-360
5000	2500	0.5	-0.23	-1160	-160
6000	3000	0.5	-0.15	-910	-10
6442	3221	0.5	-0.02	-146	0
7000	3500	0.50	-0.09	-610	90
8000	4000	0.5	-0.03	-260	140
9000	4500	0.5	0.02	140	140
10000	5000	0.5	0.06	590	90

	A	I	J	K	L	M
2	Unidades	Ingresos	Ingreso Marginal	Diferencia Cmg y CTU	Maximización de producción en $	Flujo neto de efectivo
3	U	I	Img.	Diferencia		FNE
4		0.5	I2-I1 / U2-U1	Cmg-CTU	ingreso* U	Ingresos - CT
5	0	=A5*$I$4				=I5-D5
6	1000	=A6*$I$4	=(I6-I5)/(A6-A5)	=H6-G6	=K6*A6	=I6-D6
7	2000	=A7*$I$4	=(I7-I6)/(A7-A6)	=H7-G7	=K7*A7	=I7-D7
8	3000	=A8*$I$4	=(I8-I7)/(A8-A7)	=H8-G8	=K8*A8	=I8-D8
9	4000	=A9*$I$4	=(I9-I8)/(A9-A8)	=H9-G9	=K9*A9	=I9-D9
10	5000	=A10*$I$4	=(I10-I9)/(A10-A9)	=H10-G10	=K10*A10	=I10-D10
11	6000	=A11*$I$4	=(I11-I10)/(A11-A10)	=H11-G11	=K11*A11	=I11-D11
12	6442	=A12*$I$4	=(I12-I11)/(A12-A11)	=H12-G12	=K12*A12	=I12-D12
13	7000	=A13*$I$4	=(I13-I11)/(A13-A11)	=H13-G13	=K13*A13	=I13-D13
14	8000	=A14*$I$4	=(I14-I13)/(A14-A13)	=H14-G14	=K14*A14	=I14-D14
15	9000	=A15*$I$4	=(I15-I14)/(A15-A14)	=H15-G15	=K15*A15	=I15-D15
16	10000	=A16*$I$4	=(I16-I15)/(A16-A15)	=H16-G16	=K16*A16	=I16-D16

Fuente: Elaboración propia.

En la tabla 2 se muestra el desarrollo de los ingresos hasta el Flujo Neto de efectivo.

Además de desarrollar sus respectivas formulas para un mejor desarrollo.

TEMA 2 FUNDAMENTOS DE INGENIERÍA ECONÓMICA, VALOR DEL DINERO A TRAVÉS DEL TIEMPO.

2.1 Importancia de la ingeniería económica.
2.1.1 La ingeniería económica en la toma de decisiones.
2.1.2 Tasa de interés y tasa de rendimiento.
2.1.3 Introducción a las soluciones por computadora.
2.1.4 Flujos de efectivo: estimación y diagramación.
2.2 El valor del dinero a través del tiempo.
2.2.1 Interés simple e interés compuesto.
2.2.2 Concepto de equivalencia.
2.2.3 Factores de pago único.
2.2.4 Factores de Valor Presente y recuperación de capital.
2.2.5 Factor de fondo de amortización y cantidad compuesta.
2.3 Frecuencia de capitalización de interés.
2.3.1 Tasa de interés nominal y efectiva.
2.3.2 Cuando los periodos de interés coinciden con los periodos de pago.
2.3.3 Cuando los periodos de interés son menores que los periodos de pago.
2.3.4 Cuando los periodos de interés son mayores que los periodos de pago.
2.3.5 Tasa de interés efectiva para capitalización continúa.
2.4 Tasa Mínima Aceptable de Retorno (TMAR).

Objetivo: se abordan los fundamentos de la ingeniería económica, el estudio del valor del dinero a través del tiempo y la frecuencia de capitalización de interés, temas que cimientan el contenido de la asignatura.

Competencias

Genéricas:
Capacidad de abstracción, análisis y síntesis, capacidad de aplicar los conocimientos en la práctica, capacidad para identificar, plantear y resolver problemas, capacidad para tomar decisiones

Específicas:
Identifica los fundamentos de la Ingeniería Económica para comprender su importancia en la toma de decisiones.
Evalúa el impacto que tiene el valor del dinero a través del tiempo y su equivalencia para identificar los factores de capitalización, con el objetivo de valorar los flujos de caja esperados.
Determina la frecuencia de capitalización de interés para el cálculo de la tasa de interés nominal y efectiva en diferentes periodos.

Actividades de aprendizaje	Actividades de enseñanza
Trabajo en equipo para Investigar fuentes. Lectura de apuntes del profesor y aportación de ideas Desarrollo de ejercicios en computadora. Exposición en equipo o individual dependiendo de la cantidad de alumnos en el salón. Trabajo y/o participación en clase del tema. Reconocimiento general por escrito en una sola sesión. Digitalizar todo en la carpeta que el docente indique.	Evaluación diagnóstica. Entregar documento de ingeniería económica escrito por el mismo para el análisis de los estudiantes. Coadyuvar en la resolución de problemas por computadora. Evaluar el trabajo en equipo Evaluar el reconocimiento escrito.

- Tiempo estimado: 25 hrs, o 5 semanas de 5 horas cada una.

2.1 IMPORTANCIA DE LA INGENIERÍA ECONÓMICA.

2.1.1 La ingeniería económica en la toma de decisiones.

A través del tiempo la ingeniería tiene una relación muy estrecha con la economía.
La economía *"es el estudio de la forma en que las sociedades deciden qué van a producir, cómo y para quién con los recursos escasos y limitados"* (Stanley Fischer, 1990) *es considerado ciencia cuando* se utiliza la ***Economía positiva*** y tratamos de utilizar menos la ***"Economía normativa"***. La uniremos con la Ingeniería donde una definición basada en el Consejo de Acreditación para la Ingeniería y la tecnología de Estados Unidos de América donde es *"la profesión en la que los conocimientos de matemáticas y ciencias naturales obtenidos a través del estudio, la experiencia y la práctica, se aplican con juicio para desarrollar diversas formas de utilizar de manera económica, las fuerzas y materiales de la naturaleza en beneficio de la humanidad"* (Baca Urbina Gabriel, 2007), Hay muchas definiciones de Ingeniería económica, en un camino con muchos paradigmas nosotros proponemos esta definición.
La Ingeniería Económica evalúa la forma de utilizar las fuerzas y materiales de la naturaleza en la industria productora de bienes y servicios, que se consideran recursos escasos y limitados, con técnicas matemáticas administrativas para coadyuvar a la toma de decisiones a través del tiempo.

La ingeniería económica está enfocada a la industria de la transformación y servicios y si quisiéramos ver cuestiones exclusivamente financieras, estudiaríamos "matemáticas Financieras", aunque las técnicas básicas sean iguales.

La Ingeniería Económica entonces nos ayuda a la toma de decisiones, estas por definición están en el ámbito del futuro, donde se evaluarán las mejores estimaciones con un enfoque económico.

Algunas variables críticas que se manejan en la evaluación son los:

- Flujos de Efectivo
- Tiempo
- Tasa de interés

Al estimar resultados nunca tendremos el 100% de la información para tomar una decisión por lo que variara los resultados con la realidad por *la naturaleza estocástica (*Que está sometido al azar y que es objeto de análisis estadístico.) (Española, 2017), *de* los datos obtenidos.

Tendremos que utilizar *análisis de sensibilidad,* para ver las variaciones que podrían incurrir los resultados propuestos.

En conclusión La Ingeniería Económica nos ayuda a entender el proceso productivo traduciéndola de una forma económico matemático, para tomar la mejor decisión en un momento dado.

2.1.2 TASA DE INTERÉS Y TASA DE RENDIMIENTO.

Valor del dinero a través del tiempo. ¿Qué es el dinero?

"Es todo medio de pago generalmente aceptable a cambio de bienes y servicios, así como la cancelación de deudas" (Stanley Fischer, 1990)

El dinero cumple tres funciones:

1. **Es un medio de cambio**.- Ya que es aceptado por la sociedad para saldar una cuenta.
2. **Unidad de cuenta**.- Porque permite fijar precios y documentar deudas.
3. **Depósito de valor** -.Permite transferir la capacidad para comprar bienes y servicios.

El valor del dinero

El concepto "valor del dinero a través del tiempo" sirve para estudiar de qué manera la suma de dinero en el presente, se convierte en otro en tiempo futuro.

Ejemplo: Si con $10 compras 10 chicles en un año, en 3 años solo te alcanzara para 5 con la misma cantidad de dinero.

Ejemplos reales del valor del dinero

Cuadro 1:

1 kg Tortilla	2015	$12.50	1935	$0.58
Pan dulce	2015	$5.28	1935	$0.24
1L Aceite	2015	$22.00	1935	$1.09
1 kg Frijol	2015	$17.00	1935	$0.10
1 kg limón	2015	$9.29	1935	$0.18
1 kg Cebolla	2015	$7.08	1935	$0.20
Lechuga	2015	$7.88	1935	$0.22
Pollo entero	2015	$35.00	1935	$0.90
Carne de res	2015	$109.00	1935	$1.08

Fuente: Banxico

El Interés *"es el costo del uso del capital"* (Riggs James L., 2009) y se puede ver de dos formas: el interés

ganado y el interés pagado. El interés se gana cuando lo una persona invierte, ahorra o presta dinero y recibe un capital mayor. El interés pagado es cuando obtenemos un préstamo y se paga una cantidad mayor.
Siguiendo la premisa anterior se tendría la siguiente relación:

Interés= suma futura del dinero a pagar (-) valor presente o capital 1.1

Cuando el interés pagado con respecto a una unidad de tiempo específica se expresa en porcentaje de la suma del *Principal,* el resultado recibe el nombre de interés.

$$\text{Tasa de Interés (\%)} = \left(\frac{\text{interés acumulado por unidad detiempo suma}}{(Principal)}\right) * 100\% \qquad \textbf{1.2}$$

La unidad de tiempo recibe el nombre de *periodo de interés, donde el más común es a un año,* aunque puede fraccionarse o aumentarse.

Ejemplo 2.1
Planteamiento del Problema:
Un Ingeniero solicita un préstamo a un banco por $100 000.00 el 01 de enero y se pagara exactamente un año después la cantidad de $102 000. Determine el interés y la tasa de interés pagada.

Procedimiento:

Se tiene la visión de un interés pagado y se aplica la ecuación 1.1
Interés= $102000 - $100000 = $ 2 000
Para sacar la tasa de interés se utiliza la ecuación 1.2

$$\text{Tasa de Interés (\%)} = \left(\frac{2000}{100000}\right) * 100\% \quad = 2\ \%\ \text{anual}$$

Nota: se hace a un año, después se verá a dos periodos o más.

2.1.3 Introducción a las soluciones por computadora.

Las tecnologías de información, son necesarias para resolver problemas en tiempo y forma. Las nuevas necesidades deben ser satisfechas en tiempo real, además estas tecnologías deben de anticiparse a resolver problemas futuros.

Para resolver problemas de INGENIERIA ECONOMICA, debemos de tener conocimientos de Hojas de cálculo y software especializado.

En este curso es de vital importancia ya que, si se resuelve problemas de la forma tradicional, usando, calculadora y métodos algebraicos o por factores, nos tardaríamos horas o días para resolverlos.

Estudiaremos como resolverlos en los primeros temas, pero los últimos es indispensable utilizar las tecnologías de la información para llegar a los resultados.

2.1.4 Flujos de efectivo: estimación y diagramación.

Definiciones:
En Ingeniería Económica para entender los problemas se recomienda la diagramación que es dibujar con líneas y flechas el problema.
La línea horizontal representa la línea de tiempo, flechas hacia arriba o abajo son las entradas o las salidas de dinero, y también pueden contener estas variables:
Flujo de efectivo: Movimiento de dinero a través del tiempo
Flujo neto de efectivo (FNE): Incluye la definición de Flujo de efectivo más la operación de entradas menos salidas.
Principal (P): Es el dinero o valor que está en el periodo 0, medida monetaria
Valor Presente (VP) Es el dinero o valor que está en el periodo 0, puede ser llamado también Inversión, está más enfocado a cuestiones de inversiones industriales aunque también puede ser tomado para las cuestiones financieras.
Inversión (I): Es el dinero o valor que está en el periodo 0, enfocado a cuestiones financieras aunque también puedes ser tomado para la industria.
Periodo (n): Número de periodos del principal, por norma es anual aunque puede ser fraccionado, es una medida de tiempo, sabemos que en un año tiene:

- 52 semanas
- 24 quincenas
- 12 mensualidades
- 6 bimestres
- 4 trimestres
- 3 cuatrimestres
- 2 semestres
- 1 anualidad

Es importante saberlo cuando lleguemos al punto 1.3.1 Tasa de interés nominal y efectivo.
Año (k): Medida de tiempo exclusivamente anual.
Anualidad (A): Serie de dinero consecutiva del periodo y fin del periodo. También llamado Valor Anual (VA) y Valor Anual Uniforme equivalente (VAUE).
Interés (i) : Tasa de interés o de retorno por periodo; es una medida de valor anual o fraccionado.
Valor Futuro (VF): Valor o cantidad de dinero es un tiempo futuro, también llamado Futuro (F).
Gradiente (g): Es el valor del incremento anual en una serie escalonada
Serie escalonada: En Ingeniería Económica es el incremento o decremento de los *Flujos de Efectivo* donde son iguales en cada periodo.
Serie geométrica: En Ingeniería Económica es el incremento o decremento de los *Flujos de Efectivo* en forma exponencial en cada periodo.
Valor de Salvamento (VS): En el periodo final de un equipo, se puede obtener un retorno de efectivo al venderlo por un precio menor al original por efecto de la depreciación.
La diagramación es poner en un diagrama el enunciado para una mejor comprensión.
Flecha hacia arriba es entrada, flecha hacia abajo es salida.

Ejemplo 2.2
Un Ingeniero recién graduado quiere invertir en un negocio y el resto invertirlo en el banco. Necesita

para iniciar el negocio una cantidad de \$ 100 000 y ganara en un periodo de 3 años la cantidad de \$ 150 000, no sabemos la tasa de retorno del negocio.
Por otro lado quiere invertir en el banco \$15 000 con una tasa de interés del 2% a 3 años no sabemos la anualidad ni el valor futuro.

Con terminología y símbolos representar el problema:

Solución

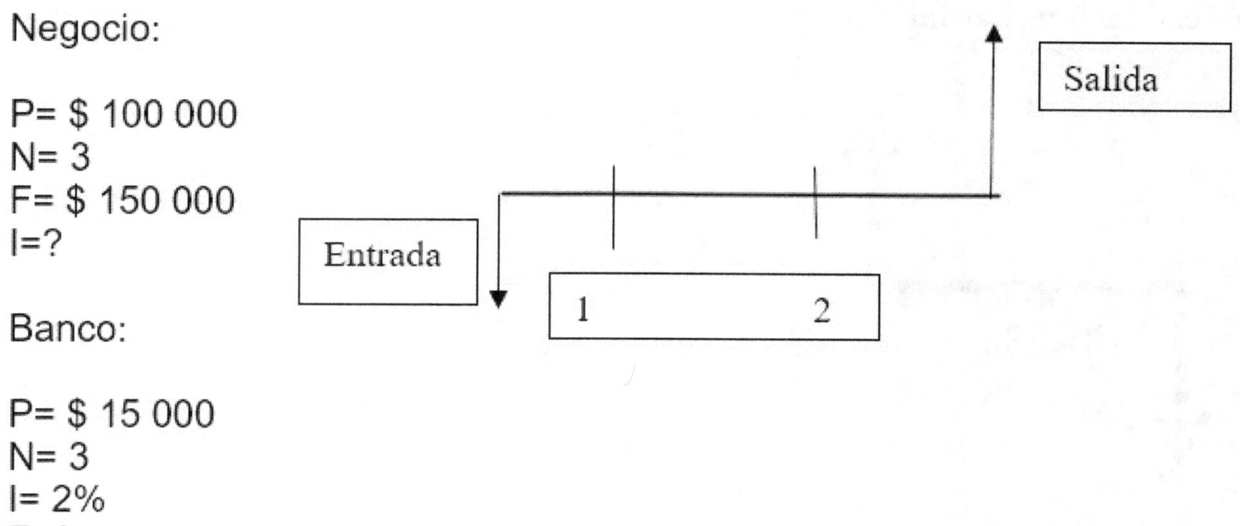

F=?
A=?

Ejemplo 2.3

Conteste y desarrolle lo siguiente.

1.- ¿Qué es la Ingeniería económica?

2.- Poner solamente la fórmula del interés simple. R=____________________

3.-Su tío ha acordado depositarle en una cuenta de ahorro $1600, en un periodo de tres años a una tasa de interés de 2.5%

a) Dibuje los flujos de efectivo de su tío y los de usted.

b) escriba la formula por medio de factores como resolvería la pregunta.

c) ¿Cuál sería el valor futuro al final del periodo?

4.-Resuelva

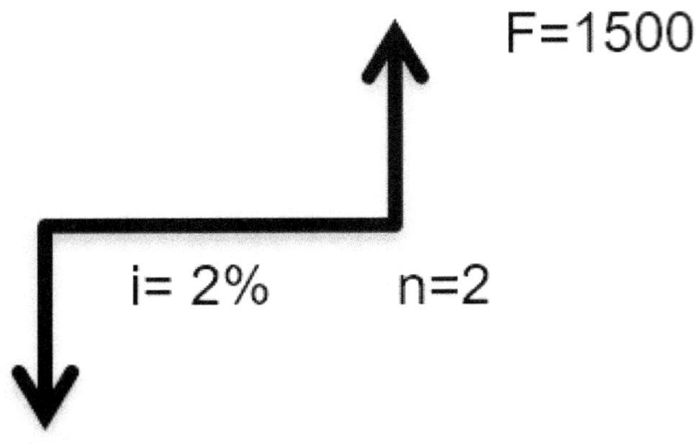

5.- ¿Cuál es el pago anual que debe hacerse cada año para tener $ 20 000 disponibles 5 años?

2.2 EL VALOR DEL DINERO A TRAVÉS DEL TIEMPO.

2.2.1 INTERÉS SIMPLE E INTERÉS COMPUESTO.

Tasa de interés simple (Is).- Cuando los intereses obtenidos a vencimiento no se suman al capital para generar nuevos intereses. En este caso el dueño del capital puede cobrar los intereses generados por periodo.

Tasa de Interés simple (Is) = P * i * t **2.2.1**

Donde :

P= principal
i=Interés
t= tiempo

Ejemplo 2.4

Ejercicio:
1. Calcular a cuánto asciende el interés simple producido por un capital de 23 000 pesos invertido durante 4 años a una tasa del 5 % anual.
Resolución:
Se ha de expresar el 5 % en tanto por uno, y se obtiene 0.05
Is = P · i· t
Is = (23 000) * (0.05) * (4)
El interés es de 4 600 pesos

Ejemplo 2.5

Calcular el interés simple producido por 30 000 pesos durante 90 días a una tasa de interés anual del 5 %. Solución:
? = P·i·t

- $90 \text{ días} = \frac{90}{360} \text{ años}$
- $I = 30\ 000 \cdot 0{,}05 \cdot \frac{90}{360} = 375; \ I = 375$

Respuesta= 375 pesos

Ejemplo 2.6
Al cabo de un año un Banco ha ingresado en una cuenta de ahorro en conceptos de intereses 897 MXN la tasa de interés de una cuenta de ahorro es del 3% ¿cuál es el saldo medio capital de dicha cuenta en ese año?

Is= ? * i * t
897 = P * 0.03 * 1
P = (897) / (0.03 * 1)
P = 29900

Ejemplo 2.7
Un préstamo de 20000 MXN se convierte al cabo de un año en 22400 MXN ¿Cuál es la tasa de interés cobrada?
Planteamiento :
Is = P *?* t

Los intereses han ascendido a:
22 400 - 20 000 = 2 400 pesos

Aplicando la fórmula Is=P*i*t

Solución:
2400=20000*(i) * 1
i=2400 / (20000 * 1)
i = 12%

Ejemplo 2.8
Un capital de 250000 MXN invertido una tasa de interés del 7% durante un cierto tiempo ha supuesto unos intereses de 13000 MXN ¿Cuánto tiempo ha estado invertido planteamiento?:
Aplicando la fórmula Is=P*i*t
13 000 = 250 000 * 1.07 * t

t= 13 000 / (250 000 * 0.07)

t= 0.7

Para obtener el tiempo se realiza una regla de 3. Donde 0 es el tiempo 1, Es el tiempo entero en decimal y 12 son el número de meses. Multiplicamos 0.7 por 12 y lo dividimos entre 1, El resultado es 8 siendo 8 el número de mes establecido, Siendo agosto, El punto cuatro restantes es decimal y se tendría que hacer lo mismo una regla de 3 pero ahora para establecer los días y así sucesivamente por cuestiones académicas no es recomendable o es intrascendente nos quedamos con el resultado de mes.

Tasa de interés compuesto. - Los intereses obtenidos en cada periodo se suman al capital inicial para generar nuevos intereses.

Diferencia entre interés simple y compuesto Ejemplo 2.9

Interés simple				Interés Compuesto			
Periodos	Capital	Interés 0.1	Interés Acumulado	Capital	Interés 1.1	Interés acumulado	Diferencia en intereses
0				100			
1	100	10	10	110	10	10	0
2	100	10	20	121	11	21	1
3	100	10	30	133.1	12.1	33.1	3.1
4	100	10	40	146.41	13.31	46.41	6.41
5	100	10	50	161.051	14.641	61.051	11.051

	A	B	C	D
120				
121	Interes simple			
122	Periodos	Capital	Interes	Interes
123			0.1	acumulado
124	0			
125	1	100	=$C$123*B125	=C125
126	2	100	=$C$123*B126	=C126+D125
127	3	100	=$C$123*B127	=C127+D126
128	4	100	=$C$123*B128	=C128+D127
129	5	100	=$C$123*B129	=C129+D128
130			total	=B129+D129
131			P*i*n	=B129*C123*A129

	E	F	G	H	I
120					
121	Interes Compuesto				
122	Capital	Interes	Interes	Diferencia	
123		1.1	acumulado	en intereses	
124	100				
125	=E124*$F$123	=E125-E124	=F125	0	nota: puse cero pues si ha
126	=E125*$F$123	=E126-E125	=F126+G125	=G126-D126	tiende a limte cero
127	=E126*$F$123	=E127-E126	=F127+G126	=G127-D127	
128	=E127*$F$123	=E128-E127	=F128+G127	=G128-D128	
129	=E128*$F$123	=E129-E128	=F129+G128	=G129-D129	
130					
131		p*(1+i)^n	=E124*(1+C123)^A129	entonces VF = Interes compue	

En el ejemplo 2.9 en el primer cuadro se ve el cuadro como queda con resultados y en los dos siguientes el procedimiento.

Un inconveniente es que se hace muchos cálculos. Para hacerlo de una forma más rápida podemos usar la fórmula de interés Compuesto.

Tasa de Interés compuesto (F) = P * (1 + i) ^ n **2.2.2**

Donde :

F= Valor Futuro

P= Valor Presente o principal
i=Interés
n = tiempo

Ejemplo 2.10

Encontrar el F de 1000 con un interés del 10% a 4 años.

1000 * 1.10 * 1.10 * 1.10 * 1.10 = 1464.1

Utilizando la fórmula 1.2.2

(F) = P * (1 + i) ^ n

1000* (1+ 0.10) ^4 = 1464.1

Nota: ver archivo anexo, cambiar variables independientes como ejercicios.

Podemos despejar la ecuación para encontrar el VP

Valor presente P= F / (1 + i) ^ n **2.2.3**

Donde :
F= Valor Futuro
P= Valor Presente o principal
i=Interés
n = tiempo

Ejemplo 2.11

Encontrar el P de 1464.1 con un interés del 10% a 4 años.

Utilizando la fórmula 1.2.3

P= F / (1 + i) ^ n

1464.1 / (1+ 0.10) ^4 = 1000

Despejando podemos encontrar el interés teniendo las demás variables.

Interés (i) =(F / P) ^1/ n – 1 **2.2.4**

Donde :
F= Valor Futuro
P= Valor Presente o principal
i=Interés
n = tiempo

Ejemplo 2.12

Encontrar el (i) cuando el F =1464.1 , P 1000 a 4 años.

Utilizando la fórmula 1.2.4

(i) =(F / P) ^1/ n -1

(i) = (1464.1 / 1000 ^ 1/ 4-1

$$\frac{1464.1^{0.333}}{1000} = 1.46410^{0.333} = 1.135$$

Encontrar los periodos.

n= ln (F / P) / ln (1+ i) Fórmula: **2.2.5**

Donde:
F= Valor Futuro
P= Valor Presente o principal
i=Interés
n = tiempo
ln = logaritmo natural

Ejemplo 2.13
n= ln (F / P) / ln (1+ i)
n = ln (1464.1 / 1000) / ln (1 + 0.10)

Datos

F = 1464.1
P = 1000
I = 0.1
N = 4

2.2.2 CONCEPTO DE EQUIVALENCIA.

Equivalencia es cuando dos o más variables o cosas hacen o producen el mismo resultado.
El dinero tiene tres tipos de valor: El de costo, nominal y real.
El Costo del dinero es lo que valió producir una unidad de dinero. Está en función de los costos fijos y variables.
El valor Nominal del dinero tiene el valor impreso del dinero, no cambia en el tiempo no está en función del costo, sino de la confianza y de las leyes de los estados que la emiten.
El valor real del dinero está en función del poder adquisitivo de la misma que a su vez está en función de la confianza, instituciones fuertes, Producto Interno Bruto (PIB), Inflación, tiempo, etc.
En ingeniería Económica nos interesa el concepto *El valor real del dinero* pues nos da el valor de nuestro dinero a través del tiempo descontando las variables que metan ruido al manejo del mismo, haciendo equivalentes el valor de nuestra moneda en el presente (VP) con el dinero en un futuro (VF).

Tomando los ejemplos Ejemplo 2.10 & 2.11
Ejemplo : 1.14
Supuestos:
i= El 10% es una tasa aceptable de retorno.
(i) también puede ser visto como inflación (f).
Ceteris paribus todo es constante.
Base de datos:
F= 1464.1
P= 1000
I= 0.1
N= 4

(F) = P * (1 + i) ^ n
1000* (1+ 0.10) ^4 = 1464.1

P= F / (1 + i) ^ n
1464.1 / (1+ 0.10) ^4 = 1000

Se puede deducir que:

- Un inversionista puede comprar lo mismo en el tiempo (0) también llamado hoy, que dentro de cuatro años.
- Un Consumidor verá que puede consumir (X) cantidad de productos por $1000 y será equivalente a cuatro años con $ 1464.1. en este caso el valor nominal del dinero puede cambiar porque al Banco Central se le ocurrió emitir nuevos billetes con una

denominación mayor.

- Estos dos ejemplos pueden verse de forma inversa, donde si yo quisiera mantener mi poder adquisitivo de $ 1464.1 a cuatro años tendría que depositar en un banco $ 1000.
- Si una persona no confiara en los bancos y guardara su billete de $ 1000 en el colchón durante cuatro años, al final del periodo vería que el valor nominal del dinero sería igual, si no estudiara Ingeniería Económica pensaría que podría comprar lo mismo que hace 4 años.

La diferencia de invertir y no invertir es de 1464.1 – 1000 = 464.1, donde el resultado es la cantidad de pérdida de *poder adquisitivo.*

El concepto de equivalencia es la piedra angular de la toma de decisiones en la Ingeniería Económica. Se compara valor-tiempo del dinero, esto es, las entradas y salidas, así como las cantidades deben de identificarse con el tiempo.

2.2.3 FACTORES DE PAGO ÚNICO.

Se han utilizado dos fórmulas básicas la 2.2.2 y la 2.2.3

(F) = P * (1 + i) ^ n   2.2.2
P= F / (1 + i) ^ n   2.2.3

Donde la porción que está dentro del paréntesis se le llama factor de interés. Como se habrá notado se puede derivar siete factores de interés para las composiciones discretas. La forma de notación seria:
(F / P , i , n) **2.2.2.1**

Donde:
F= Valor Futuro
P= Valor Presente o principal
i=Interés
n = tiempo.

2.2.4 Factores de Valor Presente y recuperación de capital.

Utilizando la fórmula 1.2.4 tendríamos el "factor de cantidad compuesta" o también llamado "pago único" .

F= P *(F / P , i , n) **2.2.2.2**

Donde:
F= Valor Futuro
P= Valor Presente o principal
i=Interés
n = tiempo

Se lee: Buscar Valor Futuro dado Valor Presente teniendo el interés y el periodo.
Hay tablas existentes donde se puede encontrar los factores.

Actualmente las tecnologías de Información (TI), nos ayudan para un mejor desempeño y se puede obtener "El pago único" o "interés compuesto" con la siguiente formula:

Ejemplo 1.2
Función en Excel : VF **2.2.2.3**
Notación:

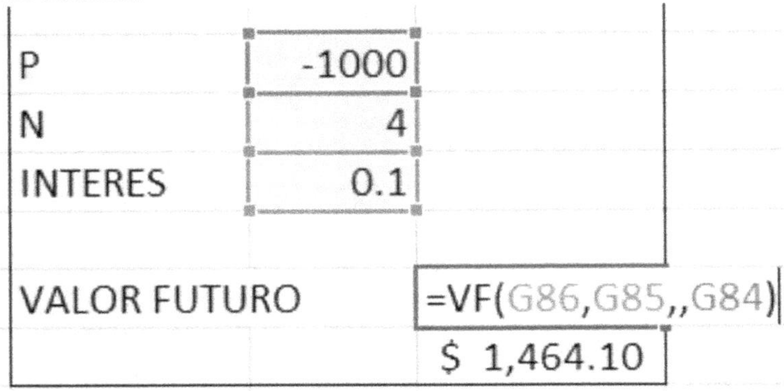

P	-1000	
N	4	
INTERES	0.1	
VALOR FUTURO		=VF(G86,G85,,G84)
		$ 1,464.10

2.2.5 FACTOR DE FONDO DE AMORTIZACIÓN Y CANTIDAD COMPUESTA

Las amortizaciones son utilizadas en el ámbito de las finanzas y el comercio para calcular el pago gradual de una deuda, ya que sabemos que en la actividad financiera es común que las empresas y las personas busquen financiamiento o crédito, sea para capitalizarse o para la adquisición de bienes (activos). Ahora el punto podría ser a la inversa, es decir, cuando tenemos una obligación en el corto o largo plazo, podemos empezar ahorrando gradualmente hasta reunir el importe deseado, claro está, con sus respectivos rendimientos. Es aquí cuando la figura del "Fondo de Amortización" se hace necesaria.

Los factores de fondos de amortización se ven en las fórmulas 1.2.4 a la1.2.7 del cuadro 2 a y 2 b.

Ahora se presentarán las fórmulas algebraicas, por factores, por computadora y nombre.

Cuadro 2 a:

Formulas algebraicas	por factores	TI	Nombre	No. Formula
$F = P * (1 + i)^n$	F= P *(F/ P,i,n)	VF	"factor de cantidad compuesta" (pago único)	2.2.2
$P = F * (\frac{1}{1+i})^\wedge n$	P=F*(P /F,i,n)	VA	Valor Presente	2.2.3
$A = P * (\frac{i * (1+i)^n}{(1+i)^n - 1})$	A=P* (A/P,i,n)	PAGO	1.3.2 Cuando los periodos de interés coinciden con los periodos de pago. Factor de recuperación de capital (serie uniforme)	2.2.4
$F = A * (\frac{(1+i)^n - 1}{i})$	F=A*(F/A,i,n)	PAGO	1.3.3 Cuando los periodos de interés son menores que los periodos de pago. Futuro dado un pago uniforme También llamado factor de cantidad compuesta de serie (serie uniforme).	2.2.5
$P = A * (\frac{(1+i)^n - 1}{i * (1+i)^n})$	P=A*(P/A,i,n)	PAGO	1.2.5 Factor de fondo de amortización y cantidad compuesta. Factor presente dado un pago uniforme	2.2.6

Cuadro 2 b:

Formulas algebraicas	por factores	TI	Nombre	No. Formula
$A = F * (\frac{i}{(1+i)^n - 1})$	A=F(A/F,i,n)	PAGO	1.2.5 Factor de fondo de amortización y cantidad compuesta. Pago uniforme dado un futuro	2.2.7
$A = G * (\frac{1}{i} - \frac{N}{(1+i)^n - 1})$	A= G(A/G,i,n)	n/d	Pago uniforme dado un gradiente también llamado, factor de conversión de gradiente aritmético (para uniformar series).	2.2.8
$F = G * ((\frac{1}{i}) * \frac{(1+i)^n - 1}{i}) - N)$	F=G(F/G,i,n)	n/d	Futuro dado un gradiente Factor gradiente aritmético, valor futuro.	2.2.9
$P = \frac{G}{i} * (\frac{(1+i)^n - 1}{i * (1+i)^n} - \frac{n}{(1+i)^n})$	P=G(P/G,i,n)	n/d	Presente dado un gradiente	2.2.10

2.3 FRECUENCIA DE CAPITALIZACIÓN DE INTERÉS.

2.3.1 TASA DE INTERÉS NOMINAL Y EFECTIVO.

La tasa de interés nominal anual es la tasa anual de interés, sin capitalización. *Si retiras el interés ganado en vez de reinvertirlo, ganarás la tasa nominal*. El mejor uso es para calcular la tasa de cualquier período. El período que deseas calcular es la cantidad de tiempo que se requiere para que el interés se pague en tu depósito como por ejemplo, un día o un mes. Este es el período de capitalización. La capitalización diaria paga intereses cada día mientras que la capitalización mensual paga intereses cada mes y así sucesivamente.

$$J = i * n \qquad Fórmula\ 2.3.1$$

J= Tasa de interés nominal
i= Tasa de interés por periodo
n = número de periodos

Ejemplo: 2.3.1
Retomando el ejemplo 2 encontrar el valor futuro de 1000 con un interés del 10% a un año, en un solo pago.
Datos:
VP= -1000
i= 0.1
n= 1

$$VF = 1000 * 0.1$$

VF= 100

VF= 1100

La tasa de interés periódica es el interés que se gana durante ese período, por ejemplo, después de un día o después de un mes.
Ahora que pasaría si en vez de trimestre son días. Los días pueden variar según que nos piden.

Ejemplo: 1.3.2
Si fuera por semestre el interés se divide entre 2
J= i / n

J= 10% / 2 = 0.05 = 5%

Aquí el periodo de capitalización es menor a un año y es semestral

El interés Comercial u Ordinario consta la anualidad de 360 días
El interés real o exacto la anualidad es de 365 días.

La tasa de interés nominal efectiva o tasa de interés efectiva es la tasa real de interés que recibes en un momento dado después de la capitalización o reinversión de los intereses

Tasa de interés efectiva

$$Tie = \frac{(1 + j)^\wedge n}{j} \qquad 2.3.2$$

Donde nos da una ganancia neta anual expresada cómo porcentaje de ganancia.

Para entender mejor vamos a retomar el ejercicio Ejemplo 2.3.1 donde el planteamiento es el siguiente:
Ejemplo 2.3.3
B) El interés del 10% se paga en 2 partes: la primera al final del primer semestre que es de $ 50 y la segunda por la misma cantidad al final del periodo, lo que es equivalente a pagar un interés del 5% semestral
Solución:

Paso 1: Datos
VP= -1000
I=1.0
N=1
Proceso
Interés -100 1000* 0.1
VF Algebra 1100 100 + 1000

Paso 2) El interés se paga en 2 partes, la primera al final del primer semestre y la segunda al final del 2do semestre, esto es 10% se divide entre 2 y da 5%

Interés por periodo
Semestre=2
Interés x periodo=0.05

Paso 3) La Anualidad se divide entre el número de periodos, esto es 100 / 2 = 50

Paso 4) utilizando la fórmula 2.3.2

$$Tie = \frac{(1 + j)^\wedge n}{j}$$

sustituimos:

$$Tie = \frac{(1+0.05)^2}{0.05} = \frac{1.1025}{0.05} = 22.05$$

Paso 5) se multiplica por la anualidad

$50 * 22.05 = 1102.5$

Ejercicio: tomando el ejercicio anterior, hacerlo trimestral, mensual y cambiar la tasa de interés.
Tasa de interés nominal (r), se expresa sobre una base anual. Es la tasa que generalmente se cita al describir transacciones que involucran un interés
Tasa de interés efectiva (i) es la tasa que corresponde al periodo real de interés. Se obtiene dividiendo la tasa nominal (r) entre (m) que representa el número de períodos de interés por año: I =r/m
Suponga que un Banco sostiene que paga a sus depositantes una tasa de interés de 6% anual, capitalizada trimestralmente. ¿Cuáles es la tasa de interés nominal y cuál la tasa de interés efectiva?
Solución: La tasa de interés nominal (r) es la tasa que el Banco menciona: r = 6% anual. Ya que hay cuatro periodos de interés por año, la tasa de interés efectiva (i) es: i=r/m
i = por trimestre.

2.3.2 Cuando los periodos de interés coinciden con los periodos de pago.

Cuando los periodos de interés y los periodos de pago coinciden, es posible usar en forma directa tanto las fórmulas de interés compuesto desarrolladas anteriormente, así como las tablas de interés compuesto que se encuentran en todos los libros de Ingeniería Económica, siempre que la tasa de interés i se tome como la tasa de interés efectiva para ese periodo de interés. Aún más, el número de años n debe remplazarse por el número total de periodos de interés mn.

Ejemplo 2.3.2.1
Suponga que Ud. necesita pedir un préstamo de $3,000.00. Deberá pagarlo en 24 pagos mensuales iguales. La tasa que tiene que pagar es del 1% mensual sobre saldos insolutos. ¿Cuánto dinero deberá pagar cada mes?
Este problema se puede resolver mediante la aplicación directa de la siguiente ecuación, ya que los cargos de interés y los pagos uniformes tienen ambos una base mensual.
Datos:
P = $3,000.00
n = 24 pagos mensuales
i = 1% mensual sobre saldos insolutos
A =? Mensual
P= -3000
N= 24
Interés= 0.01

Respuesta:
A= 141.22 se resolvió con VF en Excel
De manera alternativa, lo puede resolver calculando el factor (A/P, i%, n)
fórmula 1.2.4

Ejemplo 2.3.2.2
Suponga que un Ingeniero desea comprar una casa cuyo precio es de $80,000.00 dando un enganche de $20,000.00 y por los $60,000.00 restantes, pide un préstamo que pagará mensualmente a lo largo de 30 años. Calcule el monto de los pagos mensuales si el banco le cobra un interés del 9.5% anual, capitalizado cada año.
Nota: En este caso se sustituye i por r/m y n por mn

Precio de la casa		80000
Enganche		20000
Resta		60000
	anual	mensual
N	30	360
I	9.5%	2.63889E-06
A	A=	-$166.75

2.3.3 Cuando los periodos de interés son menores que los periodos de pago.

Cuando los periodos de interés son menores que los periodos de pago, entonces el interés puede capitalizarse varias veces entre los pagos. Una manera de resolver problemas de este tipo es determinar la tasa de interés efectiva para los periodos de interés dados y después analizar los pagos por separado.
Ejercicio 2.3.3

Suponga que Ud. deposita $1,000.00 al fin de cada año en una cuenta de ahorros. Si el banco le paga un interés del 6% anual, capitalizado trimestralmente, ¿cuánto dinero tendrá en su cuenta después de cinco años?
Datos

A= 1000
i trimstral= 0.06
n anual o en años= 5
F= ?
(F/A,i,n)
Se resuelve con la Fórmula 2.2.5

2.3.4 Cuando los periodos de interés son mayores que los periodos de pago.

Si los periodos de interés son mayores que los periodos de pago, puede ocurrir que algunos pagos no hayan quedado en depósito durante un periodo de interés completo. Estos pagos no ganan interés durante ese periodo. En otras palabras, sólo ganan interés aquellos pagos que han sido depositados o invertidos durante un periodo de interés completo. Las situaciones de este periodo pueden manejarse según el siguiente algoritmo:

1. Considérense todos los depósitos hechos durante el periodo de interés como si se hubieran hecho al final del periodo (por lo tanto no habrán ganado interés en ese periodo)
2. Considérese que los retiros hechos durante el periodo de interés se hicieron al principio del periodo (de nuevo sin ganar interés)
3. Después procédase como si los periodos de pago y de interés coincidieran.

EJEMPLO 2.3.4

Suponga que Ud. tiene $5 500.00 en una cuenta de ahorros al principio de un año calendárico. El banco paga 7% anual capitalizado trimestralmente, según se muestra en la tabla siguiente en donde se muestran las transacciones realizadas durante el año, la segunda columna muestra las fechas efectivas que debemos considerar de acuerdo a los pasos 1 y 2 del algoritmo.

Para determinar el balance en la cuenta al final del año calendárico, debemos calcular la tasa de interés efectiva 7% / 4 = 1.8% por trimestre. Posteriormente se suman las cantidades en las fechas efectivas.

P	5500	Fecha efectiva	Depósito	Retiro
i anual	7%	ene-01	5500	
Trimestral	4	ene-10		250
i efectivo	1.8%	feb-20	1300	
F=?	$6,254.30	abr-12		1590
		may-05	45	
		may-13	200	
		may-24		130
		jun-21		124
		ago-10	34	
		sep-12	1000	1200
		nov-27		350
		dic-17	2300	100
		dic-29		800
		Suma	4879	4544
		P después de paso 1 y 2	5835	

F= P * (F / P, P2, i , n)
F= 5835* (F / P,5835, 1.8 , 4)
F= 6254.30

2.3.5 Tasa de interés efectiva para capitalización continúa.

Podemos definir que la capitalización continua es el caso límite de la situación de capitalización múltiple de cuando los periodos de interés son menores que los periodos de pago. Al fijar la tasa de interés nominal anual como r y haciendo que el número de periodos de interés tienda a infinito, mientras que la duración de cada periodo de interés se vuelve infinitamente pequeña.

$$Interes\ efectiva\ capitalización\ continúa = \left(i + \frac{r}{m}\right)^{m-1} \qquad 2.3.3$$

r = interés nominal.
m=número de periodos de capitalización por periodo de interés.
i = i efectivo

Ejemplo 2.3.5

Tasa efectiva anual = 10%
Anual en 12 meses

$i = (1 + r / m)^{m} - 1$
(1 + (10% / 12) ^ (12-1)
i = 10.5%

2.4 TASA MÍNIMA ACEPTABLE DE RETORNO TMAR

La Tasa Mínima Aceptable de Retorno o TMAR, es la ganancia mínima que tiene un inversionista u organización y que acepta para iniciar el proyecto medido en porcentaje.
Ejemplo
Le ofrecen a José dos trabajos con un mismo salario de $ 100.00.
En el trabajo A tiene un costo de transporte de $ 85.00
Trabajo B con un costo de $ 10.00
Donde el 100% va a ser la ganancia total.
Operación:

A= (85 / 100) * 100 = 85 % - 100 % = 15%
B = (10 / 100) * 100 = 10 % - 100% = 80%

Interpretación:

El trabajo A tendría una ganancia del 15%
El trabajo B una ganancia de 80%

Se escoge la mayor ganancia en porcentaje que sería el trabajo B.

¿Qué pasaría si en el mercado la tasa de ganancia en mercado es de 30%?
Como la tasa de ganancia es de 80% se acepta.
Si en mercado la tasa de ganancia es de 150%
Se rechaza pues solo gano 80% y es menor que 150%
Siempre y cuando solo se tome en cuenta los porcentajes, en la vida real, hay muchas más variables de tomar en cuenta.

TMAR= i Fórmula 2.4.1

Donde
i = premio al riesgo a invertir

En esta TMAR puede ser solo la tasa de ganancia del inversor, la tasa de ganancia del mercado, la inflación, la tasa de interés etc.
La TMAR es el premio al riesgo a invertir.
Para medirlo a través del tiempo se tiene que agregar el factor Inflación (f).
Se tiene entonces la fórmula:

TMAR= i + f   Fórmula   2.4.2

Donde
. i = premio al riesgo a invertir
. f = Inflación

Esta se recomienda cuando la inflación tiende a cero o es poca la línea de tiempo de evaluación.
TMAR= i + f + (i * f)   Fórmula: TMAR con inflación 2.4.3
Donde
. i = premio al riesgo a invertir
. f = Inflación

Esta fórmula se recomienda cuando hay mucha variación en la tasa de ganancia y de inflación, además de que la línea de tiempo sea larga.

Fórmula TMAR Mixta   2.4.4

TMAR= (P Socios / P Total) * TMAR*F + (P Bancos / P Total) * i
Donde
P Socios = Principal de los socios.
P Total = Principal total.
TMAR*F = TMAR con inflación.
P Bancos = Préstamo bancario.
, i = interés del préstamo

Con esta fórmula se recomienda cuando existe préstamo con inflación.

TEMA 3. GESTIÓN DEL RIESGO

La incertidumbre es *"1.f. Falta de certidumbre"* (Española, 2017), y la certidumbre es certeza, entonces en la incertidumbre no sabremos que va a pasar en el futuro. En este caso el nivel de riesgo es muy alto.

Para empezar un proyecto, se necesita invertir en recursos (mano de obra, tiempo, dinero, etc.) el cual se puede perder por una mala toma de decisiones. También sabemos que, si no hay un riesgo, no puede haber una ganancia. Debemos de conocer, analizar, cuantificar, dar una interpretación al **riesgo**, donde este se define como *"1.f. Contingencia o proximidad de un daño"* (Española, 2017). Nosotros al percibir la proximidad de un daño potencial, estamos cuantificando o midiendo las posibilidades existentes.

Cuando empezamos un nuevo proyecto (poner un negocio, empezar un nuevo ciclo escolar, iniciar una nueva relación de pareja, etc.) existe incertidumbre, el cual se debe de reducir y convertir en riesgo, evaluando y estudio el fenómeno o situación.

Este proceso de estudio de la incertidumbre para hacerla riesgo se llama, "evaluación de proyectos" "Gestión del riesgo" etc. El cual tiene un grado de efectividad bajo; entonces, ¿por qué hacerlo? La respuesta es para no estar en las tinieblas. Es preferible tener un conocimiento previo a lo que puede pasar a no saber qué va a pasar en el futuro.

El riesgo se puede medir en un conjunto de probabilidades o procesos matemáticos, mientras la Incertidumbre no se mide y puede haber una infinidad de eventos posibles. El riesgo se puede graficar, pero va a ver un momento en el que se tendrá mucha información y se puede convertir en incertidumbre.
En la incertidumbre no se sabrá si tendrá beneficios o no, mientras en el riesgo podemos estimar un beneficio o pérdida.

En el riesgo se identifican las variables dependientes e independientes. El cual se tendrá que definir con un estudio de evaluación de proyectos.

Un proyecto parte de una idea, pero la idea por sí misma no es suficiente, hay que convertirla en una planeación. La planeación es una ruta de trabajo que necesita "pensar, ordenar las ideas, elegir las palabras que expresen de la manera más clara posible la idea a exponer. También implica cierto orden para acomodar nuestros pensamientos y juicios, es decir, se trata de un esfuerzo de concentración y preparación." (Gonzalez, 2017).
"Los planes son inútiles, pero la planeación lo es todo". lo dijo el general Dwight Eisenhower, un militar y político que sirvió en la Segunda Guerra Mundial y se convirtió en el 34º presidente de los Estados Unidos, La planeación, es la piedra angular del éxito en los negocios como en la vida, hay que prepararse.

Lee Iacocca, quien fuera CEO de Ford Motor Company en una conversación con El jefe de Iacocca en Ford ,Robert McNamara, en aquel entonces, CEO de la empresa, aunque luego se convirtió en el secretario de Defensa de Estados Unidos y en el presidente del Banco Mundial, sacado de la biografía de Lee Iacocca:

—Bob, dame un minuto quiero explicarte una idea estupenda.

—Por favor, pónmela por escrito.

—Te la explico rápido, ¿para qué la escribo?

—Si no puedes escribirla, no tienes una idea.

Es un ejemplo de gestionar, evaluar, la idea.

No siempre se ganará, siempre habrá un porcentaje para perder, entonces por qué hacerlo.
El emperador Napoleón, otro gran general, afirmaba por su parte: "Planeo mucho mis batallas, aunque nunca me salen como las planee". (Gonzalez, 2017).
¿Por qué planear entonces? Para disminuir la incertidumbre, conocernos mejor, conocer nuestro entorno, ver tendencias y aun así si no hacemos el plan, creceremos como seres humanos y el porcentaje de perdida disminuirá.

En general se puede tomar varias rutas de estudio, se propone esta, aunque puede variar según las variables y circunstancias que se encuentre en el momento.

- Identificar el riesgo del proyecto: Hacer lista de posibles riesgos con ayuda de especialistas de distintas áreas de acción.
- *"Conocer la probabilidad de ocurrencia del evento, la frecuencia o la severidad y el impacto de los riesgos que enfrenta: Es común que los riesgos sean clasificados en un "mapa de riesgos" de dos maneras; la severidad del impacto potencial y la frecuencia o probabilidad de ocurrencia".* (Ríos, 2017).
- Encontrar las variables independientes críticas del proyecto: Son las variables que afectas con más importancias al proyecto o al negocio. Ejemplo: tipo de cambio, inflación, etc.
- Cobertura de riesgo: Pensar que hacer si falla o hay una contingencia en el proyecto.

La persona gestora, evaluadora de proyectos debe de:

1. Conocer el proceso para evaluar el proyecto. Si no lo conoce, los interesados en desarrollarlo deben de explicarle al gestor que es el negocio porque no somos todólogos.
2. Tener un enfoque multidisciplinario. Esto es apoyarse con especialistas de distintas áreas.
3. Generador de información. Con los datos recopilados se crea una base de datos.
4. Análisis de sensibilidad. Es fundamental. El resultado de la evaluación es un rango de valores, no es un valor único. Significa que puede variar según el cambio de valores de las variables independientes, la pregunta es ¿hasta cuánto puede aguantar el proyecto?
5. Dar otras opciones de negocio al proyecto: El inversionista puede tener una idea de negocio, se lo desarrollamos, es viable y es negocio, pero puede suceder que cambie el mercado en el futuro o pueda haber un negocio mejor con menos inversión, o se puede mejorar las ganancias con otro proceso.

Haciendo una analogía, es parecido a un doctor, se ve el caso, se encuentra los problemas, se resuelven los problemas.

El proceso de evaluación de empresas es muy extenso y variable. Se puede dividir en:
a) Estudio previo. Un anteproyecto que nos pude dar una primera idea de lo que se va a tener y ser.
b) Evaluación de mercado. Se estudia cuanto mercado puede tener, en donde se puede vender, competencia, etc. Además de los costos de producción, precio de venta y de la competencia etc.
c) Estudio técnico: Se ve los modelos de producción, almacenaje, transporte, etc.
d) Estudio Económico: Se ve la viabilidad económica, se saca precio unitario, punto de equilibrio, etc.
e) Evaluación económica: Se desarrolla Estados Proforma, balance general, razones financieras, Valor Presente Neto. Etc.
f) Evaluación ambiental. Se estudia el impacto ambiental del proyecto.
g) Evaluación política. Que impacto tiene en la población o con grupos y/o organizaciones públicas y/o privadas.
h) Análisis y administración de riesgos. Se ve diferentes escenarios para evaluar la factibilidad.

Algunas recomendaciones son:

a) Si desconozco un proceso en particular del proyecto, se busca expertos para hacer estudios del mismo. Ejemplo: económicos, jurídicos, etc.
b) Mi responsabilidad es encontrar la mejor opción, no lo máximo que podría construir, además de dar opciones.
c) Identificar si es rentable o viable o ambas. A veces pude ser rentable pero no es viable.
d) Identificar la tasa de ganancia de los socios, inversionistas, accionistas.
e) Ver distintos enfoques o puntos de vista. No es lo mismo un enfoque de prestamista, inversionista, el administrador, el contador, el inventor, etc.
f) Cuestionar lo lógico, siempre se cuestiona las soluciones lógicas con la rentabilidad.
g) Saber si me gusta el proyecto o soy compatible con él.

Hay infinidad de recomendaciones, que se van aprendiendo con la práctica, el estudio y los años.
Una variable importante es el tiempo contra la información. Queremos tener la mayor información útil posible, generar esta base de datos se necesita tiempo. Por lo general, cuando iniciamos un proyecto nuevo con poca experiencia nos tardamos mucho y por lo general nunca acabamos de recolectar información, por el factor miedo y querer minimizar el riesgo a cero.

Para no hacer estudios interminables, se propone hacer un cronograma de actividades para poner un inicio y un fin al proyecto. Nunca vamos a tener el 100% de la información. Casi nunca vamos a poner en 0% el índice de riesgo. Ya que se terminó de hacer el estudio y paso la prueba, ahora viene el factor sentimiento. Tenemos que evaluar nuestros sentimientos para ver si son compatibles con el proyecto, si no me gusta o no soy compatible o mis intereses son otros en este momento, aunque sea el mejor proyecto del mundo con un riesgo de casi 0 %, no lo voy a trabajar bien y aumenta el porcentaje de riesgo de fracasar o simplemente no lo vamos a desarrollar.

La Ingeniería Economía está estrechamente relacionada con todo este proceso, es una herramienta indispensable para hacer dichos estudios, junto con la economía y otras ciencias.
Termino con otra cita, de Steve Jobs, que bien puede aplicarse a la planeación: “El recorrido es la

recompensa, donde el recorrido es la planeación".

EPÍLOGO

En las páginas anteriores, hemos recorrido un viaje a través de los fundamentos de la ingeniería económica, explorando temas esenciales para la toma de decisiones empresariales. Este libro ha sido diseñado como un recurso de enseñanza para aquellos que se embarcan en el emocionante mundo de la ingeniería económica, particularmente a nivel de licenciatura.

Comenzamos nuestra travesía con una sólida introducción a los costos y la importancia de la ingeniería económica en el proceso de toma de decisiones empresariales. Entendimos cómo los conceptos de valor del dinero a través del tiempo y la frecuencia de capitalización de interés son fundamentales para evaluar proyectos y oportunidades de inversión. Descubrimos métodos de evaluación y selección de alternativas, como el análisis de la tasa de rendimiento y el método del valor presente, que nos ayudaron a tomar decisiones informadas.

Profundizamos en el análisis de tasas de rendimiento y su interpretación, lo que nos permitió comprender mejor la rentabilidad de nuestros proyectos. Exploramos los modelos de depreciación, incluyendo el método lineal y los métodos de depreciación decrecientes, así como la amortización. Abordamos la evaluación por relación beneficio/costo, con un enfoque particular en proyectos del sector público y el análisis B/C incremental.

Luego, nos adentramos en el análisis de reemplazo e ingeniería de costos, considerando factores como la inflación y evaluando después de impuestos el Valor Presente, el Valor Anual y la Tasa Interna de Retorno. Finalmente, concluimos nuestra exploración con una introducción a la gestión del riesgo, un componente vital en la toma de decisiones empresariales.

En resumen, este libro ha sido una herramienta valiosa para todos aquellos que buscan mejorar su comprensión de la ingeniería económica y su aplicación en la toma de decisiones empresariales. Esperamos que los conocimientos adquiridos aquí les sirvan como una base sólida en su búsqueda de un enfoque más informado y estratégico en el mundo de los negocios. La ingeniería económica es una disciplina que desempeña un papel fundamental en el éxito empresarial, y estamos seguros de que los conceptos y técnicas presentados aquí les serán de gran utilidad en su futuro profesional.

Les animamos a seguir explorando y aplicando estos conocimientos en situaciones reales, ya que la práctica es la clave para el dominio de la ingeniería económica. A medida que avanzan en sus carreras, recuerden que la toma de decisiones informadas y fundamentadas en datos sólidos es esencial para el éxito en el mundo empresarial.

Agradecemos su dedicación en el estudio de este libro y les deseamos mucho éxito en sus futuros emprendimientos. La ingeniería económica es una disciplina apasionante y poderosa, y estamos seguros de que la utilizarán para crear un impacto positivo en el mundo de los negocios. ¡Adelante y prosperen en su viaje hacia el éxito empresarial!

www.ingramcontent.com/pod-product-compliance
Lightning Source LLC
LaVergne TN
LVHW080818170826
845678LV00011B/2059
9786072937086